The Tam O'Shanter Trilogy

(in four parts)

An' ither scrievins

Tom M Jamieson

A compilation of humorous poetry for reading and reciting, written chiefly in Scots (and English), encompassing a variety of themes, times, styles and humour, led by the Tam o' Shanter Trilogy (in four parts).

Front cover illustration “The Recitation” by kind permission of Tim Cockburn, tim.cockburn@yahoo.co.uk

ISBN 978-1-7398430-0-7

Published by Tom M Jamieson

Design and typesetting by The Malting House Limited, Dundee

Contents

A monochromatic Scottish thistle

The Nicht Eck had his Perty

Och whit a nicht, I mind it fine,
Wi' hame-made brew an' drams an' wine,
We're shair tae mind it for a' time,
The hale thing wis sae herty.
Wi' singin' dancin' rinnin' roon',
We must hae made an affy soon',
We even brocht the ceiling doon',
The nicht Eck had his perty.

Auld Angus Kay got affy fu',
He said that he wad show us hoo
He'd been weel-taught tae milk a coo,
We went oot tae the byre.
The coo lashed oot its back leg there,
It caught him bonny, it looked sair,
Puir 'Gus went fleein' through the air,
An' landed in the mire.

Wee Leezie danced a Hielan' Fling,
And Geordie Broon mad' a'body sing.
The piper wisna blawin' a thing
His pipes were gi'en' tae Peem.
He gied them sic an affy blaw,
Sae hard that he pit oot his ja'.
He pit the windies oot ana',
An' burst the bagpipes' seam.

Weel, fowk were lyin' a' ower the flair,
An' some were laid oot on the stair.
I got them up richt then and there,
An' this I'll nae forget.
I got them daein' an echtsome reel,
They birled sae fest they werena' weel,
An' they were seek ower some auld chiel
They havena fund him yet.

Wee Dunc wis sitting a' alane,
It really wis an affy shame,
He'd gone and left his specs at hame,
He fancied haein a bite.
When he's nae specs on he's nae real,
'Cos he went ben tae his meal
An' telt the fridge – "Ye're looking weel."
But it wisna – it wis white.

Hamish an' his wife fell oot,
An' she gied him an affy cloot,
He tried tae skelp her – whit a hoot,
He missed her by a mile.
He coupit ower wi' the force,
An' landed outside whar the horse
Had laid a load by natural course.
I'm shair I saw it smile.

The fiddler gave a braw wee show,
But Shuggie didna like it though,
His mowser caught up in the bow,
It fairly made him loup.
Here's what he did an' this is true,
He held the fiddler like a coo,
An' skelped the fiddle aff his broo,
Then skelped it aff his dowp.

Noo in the loabby wis a leak,
The gas wis lettin'oot a reek
An' puir Auld Boab wis near knocked seek,
So Boab got oot o' there.
An Tam MacNab wha thocht that he
Wis jist as clever as can be,
Struck up a match tae better see -
Noo Tam MacNab's nae mair.

Tam McNab's nae mair

The meenister wis lyin' doon,
'Cos he'd been dunted on the croon,
He picked that moment tae come roon,
An' whit a sicht he met.
His puir een cam' tae focus richt
On Plooky Maggie in half-licht!
He promptly fainted wi' the fricht -
He's in a coma yet.

The lad playin' on the box wis wrang,
He made the notes too shoart or lang,
He fairly spiled young Annie's sang,
The wee lass nearly gret.
We flung him richt intae the sink,
He turned a kind o' salmon pink
An' screamed like hell – we didna think
The water wis sae het.

Then Wullie skelpit Jocky's ja',
An' roon' the flair the twa did ra',
Till Wullie skited aff a wa'
An' Jock near taen his life.
But they're the best o' pals richt noo,
For Jock explained tae Wullie hoo
"That muckle baist" wis Jocky's coo
An' no' puir Wullie's wife.

Then someb'dy threw a biled ham piece -
'Twas like a trigger being released,
Cakes started fleein', naeb'dy ceased
Till a'thin' had been flung.
The wa's ye simply couldna see,
An Ally looked at them wi' glee.
"Noo that's what I call caked" said he,
"And michty it wis fun!"

The perty started birlin' roon',
Vibrations brocht the ceiling doon.
The flairboards fell intae the foon',
Demolished half the hoose.
The kitchen ended up on fire,
The coos went daft, kicked doon the byre,
Some de'il nicked the tractor's tyres,
The pigs a' got set loose.

The barns went crashin' tae the grun',
Eck the Ghillie let aff his gun.
A'body wis really hae'in fun,
The drams were gaein doon braw'.
An' on an' on the nicht did race,
Faster, faster went the pace,
They heard the noise at Duggie's place
At least ten mile awa'.

An' jist when this wis in fu' swing,
Oor Geordie heard the doorbell ring.
They entered as the door fell in –
The merry boys in blue.
The perty went richt aff the bile,
They herded us a' up in style,
An' certed us aff tae the jile
For why – I've nae a clue.

Afore the judge we looked fell rough,
The sentences we got were tough.
The judge ye see wis in the huff,
He hadna been invited.
An' whit had made it worse ana',
His wife an' dachter telt us "ta".
They said the time they had wis bra',
The judge wis nae delighted.

I'm writin' this fae prison cell,
An' a'body else is here as well.
We've got mair stories for tae tell
Tae make ye laugh sae herty.
An' though we maybe look a sicht,
We'll suin get oot an' be a'richt.
O man o man, that wis some nicht -
The nicht Eck had his perty.

The Trials and Tribulations of Modern Romance

Oh cam' awa' my bonny lass,
Oh cam' awa' wi' me.
Tae share a life sae far awa'
Be happy and carefree.

O sir with you I cannot go,
For we have barely met.
For, in all truth, I must confess,
I do not know you yet.
Although the little that I know
I am positive won't hinder,
I hoped that I would find out more
When I swiped right on Tinder.

Oh cam' awa' my braw wee lass,
Oh cam' awa' wi' me
Tae the bonny heather mountainside,
Tae run forever free.

Oh sir with you I cannot go,
Tae run forever free.
Because I have commitments here
That must be met be me.
Yet still I feel that I must say –
I hope I don't sound bitter –
I need to know much more of you
And not just what's on Twitter.

Oh cam' awa' my braw wee lass,
Oh cam' awa' wi me,
Tae run the rich and golden sands,
Whar waves brak in the lee.

Oh sir with you I cannot run,
On golden sands so free.
For I am wary who I trust,
That's the way that it must be.
My heart was broken once before
And it has never mended.
My lover went on Facebook and
I found myself "unfriended".

Well - I've got news my bonny lass!
I'm your worst nightmare come true!
For I've been stalking you for weeks,
I've got photos of you too!
I'll put them online for all to see,
Your mum and dad and friends!
And online they'll surface
This is where the "nice guy" ends!

Oh sir, to you I must confess
I have known this all along.
For WE have followed YOU for months,
We know you have done wrong.
I am part of a honey trap,
We knew we could not fail.
Here come my colleagues to get you now
And take you to the jail.
The Anti Kidnap and Extortion Unit,
The finest in our nation.
We've got this all recorded now,
So I WILL come with you – all the way to the station!

The Tale o' Erchie, an' the Day he left the Ferm

When Erchie sauntered oot ae day
the fairmyaird for tae see,
A' roon' aboot was a'thin'
that he kent tae braw degree.
The byre held a drappie yowes,
while oot bye in the fauld,
Lang-shankit kye were stannin up,
So it must hae been fell cauld.

The week afore, the rehn wis stottin,
the tattie bogle wis drookit,
Fell snell for trauchled tattie howkers,
wha posed inside the doocot.
A rouch an' nippit sough wis blawin,
the grun' wis dreich and loupin',
It wis mingin', barkit, hingin', hackit, boggin', claurty,
glaury, mawkit, feichy, mankit - and bowfin'.

Shug, his faither, cam' daundrin' ower
tae hae a wee bit blether.
He yaised tae be a beater aince,
tae fleg grouse oot the heather.
Noo Shug telt Erchie "Cam' ye in
tae the fermhoose But and Ben",
Tae hae thersel's a drap tae eat
in Auld Shug's fermer's den.

Heather moor wi' grouse hiding in the heather

Shug snecked the snib, gaed ben the hoose,
cam' back wi' Finnan Haddie,
Wi' Partan Bree an' a dad o' brade,
tae share oot wi' his laddie.
He soarted ees galluses, then he quo'
"It mak's a cheenge fae mait,
It's aff the fish van, an' aince we're done,
we maun discuss your fate."

"It's time ye gaed oot tae the world"
sayed Auld Shug tae the chiel.
"Ye hae tae see ootside,
ayont the ferm ye ken sae weel.
Get doon yon track and then strecht on,
the "big city" awaits ye there.
So aff ye gang for a puckle while,
but mind, and tak' a care.

Ye'll nae see kye or yowes or swine -
forbye the human kind,
Nae corbies, hoolits, peewits or whaups,
or linties will ye find.
Nae fields tae run, or lassies mulking,
or tractors drahin a dreel,
Or muckle cuddies; they hae ither weys
tae earn yer mulk an' meal.

Mak siccar yer freens are freens aricht;
I aince met a sleekit swine,
He was a bampot, a clype, a scunner, a swick;
he stole a'thin' that was mine.
Sae dinna' be draawn by things that ye see
and keep a canny haid,
Keep tae yersel, live a sober life
and mind a'thin' that I've sayed".

Sae aff went Erchie tae see the big city,
but he got cerried awa'.
He got seduced in twa different weys,
he couldna resist what he sa'.
He did see a lassie mulking a'richt –
she mulked the puir young chiel.
An' she ran awa wi' a' his money,
and ran awa wi' his meal.

What had happened to Erchie wisna new,
he wisna the first daft loon.
He wis seduced wi' the lichts o' the city -
the bricht lichts o' Forfar toon.
Noo Shug's awa', an Erchie's mairrit,
wi' his ain wee loon sae fair –
And he kens, ae day, it'll be his turn tae say -
"The "big city" awaits ye there."

Tae a Hielan' Coo

O massive, muckle, michty beast!
I fondly think o' ye - deceased.
I look at thee, I see a feast
O' steak sublime.
In a pan, just lightly greased,
Cooked medium fine.

Hairy, shaggy, couthy cratur,
Weel respected is your natur',
I canna think o muckle greater
Mait than you.
I think I'd even tip the waiter
For sic a coo.

Stannin' in yer bittie fauld,
Pitting up wi' hail an cauld,
Ye hae the passers-by enthralled
Wi' bonny looks.
Posing for a photo-call
Amang the stooks.

But - ye arnae really quite as guid
As ither fowk wad hae ye made.
If they saw your true self instaid
They'd be surprised.
I doot that they wad be dismayed
Hoo they'd surmised.

They'd find ye're nae the cuddly coo!
Wi' slabbers dreeping fae yer moo,
An' braith tae turn tae feichy blue
The air we breathe.
An' sic an affy noxious brew
Ye'd nae believe.

An' though ye try wi a' yer micht,
Ye arnae quite the shining licht.
Wi' honking reek discharging richt
Oot yer dowp.
Fowk wad get an affy fricht
As ower they coup.

Your shaggy coat is weel admired,
Forbye close-up it's ill-attired.
Wi' random flechs and stoor sae mired
I maun cry "Feich".
An' yer backend shairly has misfired
It's caked wi' keich.

Ye look fair cantie in yer glen,
Wi' bonny views o' loch and Ben.
An' times ye staund, as we a' ken,
"On yonder huhll".
Ye only time ye smile is when
Ye see the buhll.

But still ye're fairly ca'in' awa',
As on yer cud ye bithely cha'.
'Cos tourist cash is what ye dra',
Ye fair accrue.
Ye're on calendars, an' shoartbread tins ana'!
Ye're queen o' coos!

So cha' and bla' and fert awa',
Slabber, foul braith ana',
Your looks have mad' ye sic a star
For a' tae see.
Wha'd mak' ye intae steak ata'?
Certainly no' me!

The West Highland Way

Tae boldly go whaur lots hae been,
In every kind o' weather.
Tae trek ower huhll an muckle stane,
An' clamber through the heather.

'Twas there I met my ain true love,
Ae drookit win'swep' day.
We got tae talkin' as we walked,
On the scenic West Highland Way.

She cam' frae Perth, I lived in Oban,
She telt me she would stay.
We walked together on that path,
On the lovely West Highland Way.

The rain cam' doon, we found a shelter,
'Twas hidden 'hent a brae.
An' there we sheltered frae the world,
Sae cosy, on the West Highland Way.

An' then it happened – we couldna' help it -
'Twas love tae blame that day.
She stooped for somethin' ower the table -
Then I showed her the West Highland Way.

SONG: Wullie's Getting Merried

TUNE: Brisk

CHORUS
Wullie's getting merried-o,
Wullie's getting merried-o,
It fair shocked me, he's ninety three,
Oh Wullie's getting merried-o.

He's met an affy bonnie lass she's only sixty three,
She says that Wullie's dead mature and a'thin' that she's dreamed.
I doot she'll find oot quick enough that every Friday night,
He sings an' wak's up a' the neebours when he's had a pint.

CHORUS

The lass will never see him hame he's aye oot wi' a ba'.
Brakin' windies in the street, an' running fae the lah.
His wife'll get an affy shock, she's gonny find oot soon,
He'll be ayewis in the bookies on their honeymoon.

CHORUS

He went tae an auld folk's club so he could hae a dance,
He went and swallied something weird an' he was in a trance.
The place got raided; Wullie went tae prison in a cert -
And when the news got oot it nearly broke his mither's hert.

CHORUS
Wullie's getting merried-o,
Wullie's getting merried-o,
But he got free, at ninety three,
Oh Wullie's getting merried-o -
Oh Wullie's getting merried-o!

Piecey Time

Yokit time
Early moarning, get Mags yokit, time tae turn the grun',
Rippit intil hairst an' ploo', until the moarning's done.
Ca' awa' 'til piecey time, oh man I canna wait,
The wife has made my wee bit piece, wi' muckle hame-made brade.

Ca'in' awa' time
Guid auld Mags, she kens the gemme, the dreels we hae tae gang,
An' lets me dream o' piecey time while she jist drahs alang,
I'm wonderin' noo whit I micht hae tae cheer my teuch-earned rest
A bittie cheese wad be jist rare - though oatmeal slice is best.

Piecey time
An' noo it's time call a halt an' let Mags hae a drink.
There's aye a guid bit waater there, in yonder auld grey sink.
The orraman has jined me noo tae hae wir piece the day.
We ayewis hae a wee bit fun, comparin' whit we hae.

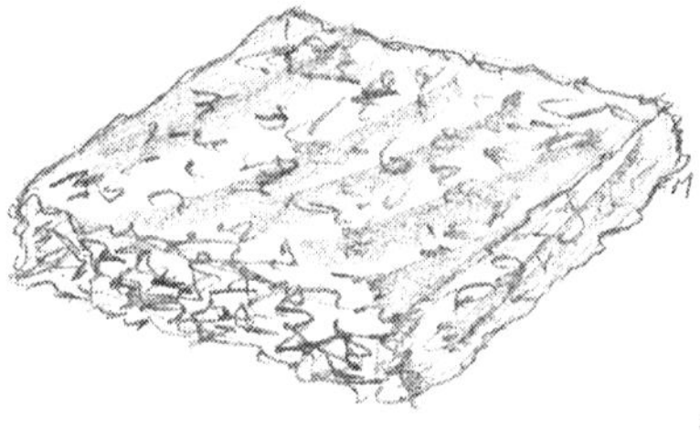

Oatmeal slice

Cheese and chutney piece

No' affy happy time
The orraman sits there a' chuffed, we've checked oot whit he's got.
Cheese and chutney on his piece – an' he's got a lot!
I hae a look at my brade piece, I'm shair that I'll bate that.
But sittin' there in a' its glory – a piece o' foostie fat.

Lousin' time
Rashin frashin single fishin rashin frashin arrgh!
Rashin frashin single fishin rashin frashin blarrrggh!
The efternane drags on the ploo, jist wait 'til I get hame!
Efter a while it's lousin' time – an' I bolt up the lane.

Hame time
Whit a minter! What's the metter lass, can ye no' e'en mak' a
piece?
Like wi' a wee bit jam on it, or jist a drappie cheese?
But the lassie isna affy chuffed, it's nae o'er teugh tae tell,
'Cos I forgot, the nicht afore - I'd made my piece masel'.

Jammy piece

Foostie fat piece

THE TAM O' SHANTER TRILOGY
In four parts

Tam o' Shanter, by Robert Burns, tells of the fateful evening when Tam o' Shanter came upon the Devil and his compatriots enjoying themselves at Alloway Kirk.

The Tam o' Shanter Trilogy (in four parts) tells of the humorous events following that fateful evening and relates what happened over the next few days.

The Trilogy is written from the imagined perspectives of the main protaganists; Tam o' Shanter, Tam's wife Kate, Tam's friend Souter Johnny, Tam's horse Meg and the inimitable Cutty-sark.

THE TAM O' SHANTER TRILOGY
In four parts

Part One:
Tam's Tale tae his guid wife Kate

Scene: The evening following events at the Kirk.
Tam and Kate's kitchen

Kate
Weel Tam, what can I say, this is a fair auld tale,
Ye'd fearsome witches chasing ye and still ye cam' oot hale?
The muckle denizens o' Hell a' loupin' efter Tam,
Wha somehow got himsel awa', a' 'cos he simply ran?

Tam
Kate, my Kate, ye canna mock, I've had an affy time.
Yon muckle denizens o' Hell had ae thing on their mind.
Sae gled wis I tae get awa' I got richt back to ye,
E'en though ye seem tae hae a disbelieving e'e.

Kate
Oh aye, nae muckle siccar is jist whit I micht be.
Ye say yon beasties chased, an' ye got richt back tae me?
It's no' I'm no' believing that ye got an affy fleg -
Tell me again the bittie whaur the tail cam aff o' Meg?

Tam
It wis the waater stopped the de'ils - it's whit they couldna' cross!
An' that wis hoo they got the bittie tailie aff my horse.
My ain fair Meg sae loyal true, wha got me safely hame.
Far fae the kirk and a yon ghouls, wha's better left alane!

Kate
Your ain fair Meg sae loyal true, the aipple o yer e'e.
You think mair o' yonder horse than e'er ye do o' me!
Aft times I've seen ye tak' her oot, like a high-up landed squire.
When last ye ta'en ME oot the hoose – the kitchen was on fire!

Tam
That cuddy is my freen aricht, she fair looks efter me,
She'll be my loyal trusted freen until the day I dee.
She's big in hert, big in trust an' fell big in belief,
But ye've twa things bigger than yon horse – that's your back-side – and your teeth!

Kate
Dinna you dare say my dowp's big – dinna be sae brash,
It's jist my frock is looking ticht, 'cos it shrunk in the waash!
As for my teeth, you've got a nerve, o' that there is nae doot,
'Cos ae thing you've got ower me – you can tak' yours oot!
An ye're nae picture penting Tam, ye're hardly ane tae speak!
In fact when I last saw ye bare, it nearly knocked me seek!"
Wi bitties hinging aweys, an' nae bath for a year,
I dinna hae tae see you coming – I smell ye in the air!

Tam
Ye're stannin telling me I'm hardly ane tae speak?
An' as for sniffin' at the air ye cause a bigger reek!
Have ye seen yersel lately wumman? Ye're nae a bonnie sicht,
Wi' yon moustache an sundry plooks, ye'd gie a ghost a fricht!

Kate
Talkin' o' ghosts – yon Cutty-sark, the ane that ta'en your e'e
Yon's anither bittie thocht that's fair tae bather me.
If she had on a Cutty-sark whit was she wearing alow it?
I'd like tae ken jist whit wis there, and wis she like tae show it?

Tam
'Twas a semmit alow her Cutty-sark, I saw the shape richt weel,
A bonny rade that shone richt through, the colour o the deil.
An here's ye speiring sic a thing, my ain ill-thochtit wife,
When a' that was I wis bathered wi' - wis trying tae save my life!

Kate
Ye're up the wrang dreel, Tam my lad, I'm nae on aboot the semmit,
But if it wis a Cutty-sark it means she had tae trim it.
Sae it's nae alow it – but alow it, that's whaur the story jars -
Sae whit I want tae find oot is, wis she wearing ony drahers?

Tam
Wis she wearin ony drahers? Whit thocht is that tae spier?
I couldna tell ye aye or nae, for I wis fuhll o fear!
Jist ae thing wis on my mind, tae get richt oot o' there
An' – ahem - get richt back tae lovely Kate, my darling wife sae fair.

Kate
Oh, I've had up tae here wi' ye an a' yer drunken nichts!
Ye, wi' yer Souter Johhny, ye mak' an affy sicht.
Yer scubbit horse tae get ye hame, e'en though ye meet the deil,
Ye want tae tak a grip m'lad - cos Tam - ye're jist nae real!

Tam
Och Kate my lass I ken ye're richt, aftimes I dinna think,
An' ye ken fu' weel I lo'e you, e'en though I tak' a drink.
There's nae sense in us fechtin' – ye ken it isna' richt -
Whit say ye we baith gang ben - an hae an early nicht?

Kate
Och Tam, I ken we shoulna argie, at least ye're hame here safe.
An' far fae gowpin at the lass, ye must hae been fell brave.
An' as for yer suggestin' that we hae an early nicht -
Dae ye think I'm jist a saftie Tam? Ach weel then – a'richt!

The Wey Tae England

As I was haein a wee bit daunder,
Through Kinlochbervie toon,
A car pulled up beside me,
And a windie wis rolled doon.
"Excuse me", says this English chap,
"Can you help me out?
I'm trying to get to England now,
And I don't know the rout."

"Weel first" says I, "ye'll hae tae say,
Ye dinna ken the ROUTE.
Because, ye ken, it's a poem you're in,
And it has tae rhyme, nae doot.
So tae mak it work quite easily
I'm afraid that 'out' is oot.
Tae mak it rhyme ye'll hae tae say,
'Can you help me oot.'"

Onwey we got it soarted,
I telt him whaur tae gang.
(In the nicest possible wey o' coorse),
And whaur tae gang alang.
He lent his lug tae tak it in,
An' listened wi' intent.
But I'm nae shair that that chap kent
Exactly whit I meant.

Says I – "South o' Kinlochbervie,
Ye'll come tae Inchnadamph.
And if can you somehow mak' that rhyme,
Ye're a better man than me.
Doon by the Assynt mountains,
Then roon' by Auchindrean,
Wi' scenery sae braw ye'll scarce
Believe just what ye're seeing.

Ye'll come tae Corrieshalloch,
Wi' a gorge that runs sae deep,
Wi' a shoogly brig for walking ower,
Whaur the sides are drapping steep.
And on ye gang, Strathpeffer toon
Sae famous for its spa,
An' a railway station, now wee shops,
Whaur ye can tak a blah.

Doon the road, Drumnadrochit,
By the banks o' deep Loch Ness,
Wi' Castle Urquhart sitting there,
Tho' ruined I maun confess.
Ower the brig at Ballachullish,
And drive richt through Glencoe.
Passsing Buachille Etive Mor,
And steady as ye go.

Whaur roads meet at Crianlarich
Ye turn richt, heading doon,
Then past the hills at Arrocher,
A near Loch Lomond toon.
Piling on past Glesgae next,
Will tak'a wee bit while.
The main thing is tae get past there,
Tae head for Carlisle.

Doon by Lesmahagow,
Keep on as best ye can.
On past Kirkpatrick-Fleming,
(That's a place and no' a man).
Noo ye gang past Ecclefechan,
Sae famous for its tarts,
Then Gretna Green wi' its blacksmith's shop,
Whaur merried life can start.

Then ower the border and ye're awa',
Cos Carlisle's near.
An' that's ye back in England sir,
Sae far awa' fae here."

And then, a maist peculiar thing,
O that there is nae doot.
He asked me tae write doon the names,
And then tae read them oot.

I did – an' it went like this:

"Kinlochbervie
Inchnadamph
Assynt
Auchindrean
Corrieshalloch
Strathpeffer
Drumnadrochit
Castle Urquhart

Ballachullish
Glencoe
Buachille Etive Mor
Crianlarich
Arrochar
Glesgae
Lesmahagow
Kirkpatrick-Fleming
Ecclefechan
Gretna Green"

Then says he,
"I don't understand a word.
I've just looked up GPS
And I can go
Inverness, Perth, Glasgow, M74 – and home"

So he went hame that other wey,
After takin' up my time.
But the worst bit o' the hale thing is -
He didna' even mak' it rhyme!

Ben Macdhui - A Fairy Tale

Ae Ben Macdhui, a wee highland elf,
Wis feard that he'd get left on the shelf.
He cried Ben Nevis, his wee elfin freen',
An' asked him if some lassies he'd seen.

"Och aye" says Nevis, "there's ane ower there.
Wi' bonny face and shining hair.
But dinna jump and an' doon wi' glee,
For that wee lass is promised tae me."

An’ wee Ben Nevis, he tried a’ aroon’,
But nae wee lass was there tae be foon’.
Until ae day, a fairy he met,
The bonniest lass that he’d seen yet.

He telt her that his name wis Ben,
And she said hers wis “Rose, ye ken.”
Said he, “Ye’re bonny, and that’s the truth.”
“If ye lo’e me,” said she, ye’ll bring me a tooth.”

“A tooth?” he asked, wi’ wonderment.
But aye, a tooth wis whit she meant.
“I need the tooth tae dae my crafts,
For I mak’ things, like wee sets o’ draughts.”

Sae he went tae get a tooth for Rose,
And fund ane whar it had been posed.
Alow a pillae in a wee lassie’s bed
He left in its a place a penny instead.
He taen it tae Rose, sayin’, “Hoo’s aboot this?”
She taen a wee blush and gied him a kiss.

Weel they got mairrit, aye, they get on braw,
An’ they’ve got wee Bens and Roses ana’.
An’ he’s still fetching teeth every nicht,
He still leaves a penny tae mak’ it a’richt.

An’ sae a’ ye bairnies, I noo bid ye hark,
If you should see something move in the dark,
Jist gang back tae sleep an’ dinna’ be feard,
It’s only the tooth fairy – in spite o’ the beard!

Ahent the Kirk

O cam' ye by, my bonnie lass,
We'll walk doon by the birks.
An we'll mak for oor ain wee spot,
Ahent yon ancient kirk.
Whar I shall tell ye bonnie lass,
O my glad hert sae true.
An there we'll bind oor trusted love,
An' I'll love only you.

Oh I'll cam' by my handsome sir,
An' I'll walk by your side.
Then we shall walk for evermair,
Thegither we shall bide.
An' there ahent yon ancient Kirk,
Oor love will first be true.
It's whar we'll bind oor trusted love,
An I'll love only you.

Sae gaed they by, hand clasped wi hand,
As they went by the birks.
Tae share their love sae trusted true,
Ahent yon ancient Kirk.
But love turns soor wi muckle speed,
An' she gied him the weech.
He's taen his dog for walkies there,
And she'd sat in its keich.

Robert Burns' "To a Mouse" lets the reader know the ploughman's sympathetic thoughts on the mouse's nest inadvertently being torn up. The mouse's reply...

To a Ploughman

Muckle, halikit, glaikit chiel!
Oh, tell me that this isnae real!
My hoosie's scattered in yon dreel
An bla'in awa'!
An' noo, this awfy fear I feel
Sticks in m' cra'!

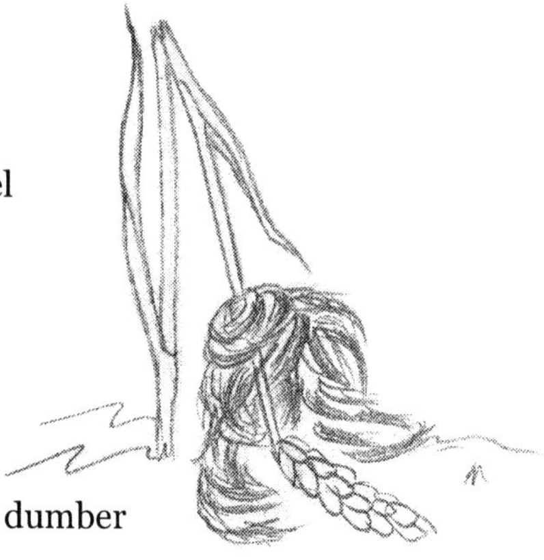

The moosie's hoosie, scattered in yon dreel

I'm truly sorry ye're a scunner,
Hoo I wish ye'd done a runner,
I'm shair I that I'll meet naebody dumber
Oot in this fauld.
Oh, hoo I wish it wis the summer,
An' wisnae cauld!

My wee bit hoosie noo, bashed in!
An aye, I ken the wa's were thin
But still, they kept me frae the wind
An ilka breeze.
But noo, the wa's are clappit in,
An' I maun freeze.

Cauld winter's on its wey the noo,
I'll hunker here wi' furro'd broo,
Ye've jist run my hoose richt through
An left me 'lane.
My cup o' woe is runnin' fu'
O'er ploo'ed-up hame.

Ill eneugh ye taen my hoose!
But there's mair woe for this wee moose,
Wi cranreuch cauld suin on the loose,

An’ lack o’ fare!
I trust ye’re prood o’ your abuse
O’ my wee lair!

An’ the coarn, in yon fauld, turned ower?
Wha gied ye sic a hertless power?
Nae wonder I maun staun’ an glower,
Ye’ve gey wheen nairve.
I’ll jist hae tae shak’ and cower,
An’ slowly stairve.

But dinna fash yersel m’ loon,
Jist ‘cos ye chapped my hoosie doon.
The best laid schemes are aften foon’
Tae gang richt wrang.
I’ll jist hae tae rise abune
The hunger pangs!

Still I am blest compared wi’ thee!
The present only touches me.
I’ll tell ye whit I’d like tae see
Tae mak’ things fine!
Me spending winter, in your hoose - for free!
And thee in mine!

Ye ken a wee moose canna sue,
But if ye dinna soart things noo,
Amang the sna’ an’ glaury glue
I’ll hae tae roam.
An’ whit solution dae I get frae you?
Ye write a poem!

A poem’s nae like tae keep me waarm,
Or save me frae some frichtfu’ harm,
It willnae feed me on this farm,
Or keep me weel.
An’ forward, nane but sair alarm -
Ye muckle, glaikit chiel!

Dinna Footer

As I hae gaed through bits o' life,
Some things I've learned tae dae.
An ane o' them has stood me well,
Through mony a fatefu' day.
Wee lessons that ye learn in life,
Mak' shair ye're naebody's fool.
An ane that sits abune them a' –
"Dinna Footer" – that's the rule.

I learned this while still a lad,
When on the futba pitch.
I was playing in defence,
But had a wee bit glitch.
Oor centre half jist screamed at me
Tae gie the ba' a blooter.
An' loudly crehd oot: "Whit ye dain'?
Jist kick it - dinna footer!"

There's mony a word been written syne
On Tam o' Shanter's nicht.
When he saw a' the ghouls and de'ils,
And he got sic a fricht.
Puir Tam jist hidna' listened
Tae advice gien by the the Souter,
When he telt Tam "Time for hame –
An'strecht there – dinna footer!"

An' at the skail a different wey
O' saying this same thing -
When denner time was on us,
And the denner bell wid ring.
I footered getting tae the door,
And a'body else wid mutter.
"Get him oot the bloomin' road -
He's jist a bliddy scutter".

I found it weird; I seemed tae be
The only footer there.
So it cam' as a big surprise
Tae find that there wis mair.
But what a shock I got ae day,
When I heard my classmate's mither –
'Cos she spoke a yon "proper" wey -
And telt him – "Don't you dither".

Nae matter whaur I went in life,
I wis telt I had tae try.
Nae "fa'in' aboot" or "dodderin'"
Or "hingin' luggit" forbye.
But there wis words I taen heed o',
They soarted me richt oot:
When said wi' passion they fair worked -
They were - "Stop yer buggerin' aboot!"

I'm glad tae say I'm better noo,
For which I'm truly glad
I dinna footer near as much
As when I was a lad.
And I think noo my writing shows
How things have cheenged wi' age.
The only footer I find noo
Is at the bottom o' a page.

SONG: The Roads and the Miles in Dundee

TUNE: The Roads and the Miles to Dundee

Cauld Winter's the reason; it's a richt freezin' season,
For the state o' the roads that ye happen tae see.
Roon' cundies there's potholes, loose chuckies an' mair holes,
When ye drehv aboot on the roads in Dundee.

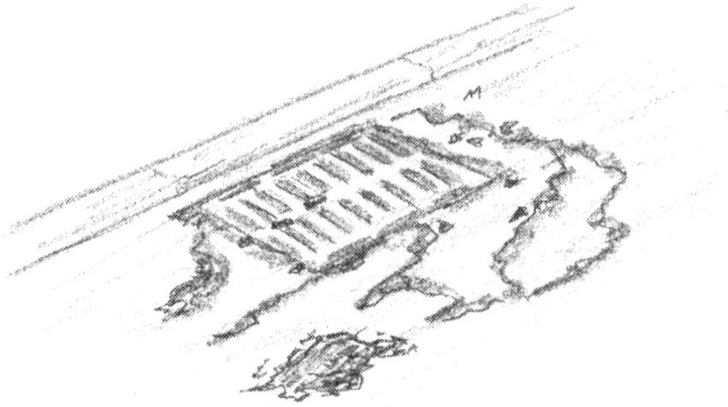

A cundie wi' potholes roon' aboot

Cauld Winter's a scunner, if ye are a runner,
Wi' ice on the pavies an' holes in the street.
Cars brak' their suspension, there's fights wi' the tension,
As a'body fa's on the roads in Dundee.

The roads get a' fusty, the cars get a' roostie,
Ye jist canna see whaur ye're gaeing for the sna'.
The slush is just hingin', your shoes end up mingin',
An' the cars are a' stuck fae the toon tae the Lah.

The bairns a' roon' aboot, get their sledges a' hauled oot,
But the salt that's been sprayed will soon mak' them a' greet.
The sledges are stickin', the bairnies go skitin',
On tae their backsides an' richt doon the street.

The gritters are ca'd oot and A&E's bombed oot,
Wi' stookies an' crutches an' X-rays tae see.
The Winter's a scunner, oh roll on the Summer,
When we'll safely drehv on the roads in Dundee.

THE TAM O' SHANTER TRILOGY
In four parts

Part Two:
Tam's Tale tae Souter Johnny
(An' Meg's Tail Fair)

Scene: Two evenings after the
event. The pub where it all started

face ashen white
against the dark

Narrator
Beside the warming ingle
Tam shivered as he thocht
O' what he'd just been through
and the fear that it had brocht.

Tam
It's no' a lee, Johnny ma freen', as sure as my name's Tam,
Noo I'm jist gled that I'm back here, an' sipping at this dram.

Souter Johnny
I'm shair it's no', but I'm jist wonderin what ye're saying tae me,
It jist sounds awfy fanciful, but I'm shair it's no' a lee.
Ye ken we had a fair few drams, an' baith fell waur the wear,
But wha's tae say, what ye micht hae THOCHT you spied oot there?
Warlocks and witches in a dance? Ye must hae got some fleg!
And yet ye stood aroon' and waatched instead it gieing it leg.
If that was me an' I spied yon I'd be richt oot o' there,
E'en wi nae horse, twa meenutes flat, I'd be richt back in Ayr.

Tam
Ye dinna understand my freen, it wisna quite like yon,
'Twas the wonder o' it a' that made me stan' my grun'.
The noise an' a' the clamour was wondrous tae espy,
An' the birlin' and the skirlin' held me rigid there, forbye.

Souter Johnny
Man! We're talking aboot ghouls! Witches, aye and deils,
A' the beasts o the netherworld, supernatural fiends!
The hale o' Hell, an worse! Let loose in ae wee Kirk,
An ye just staun' there, haein' yersel a happy daft wee smirk!
Coffins, murderers, thieves ye saw and didna' think tae flee?
If that was richt, ye'd nae be here the noo wi me.
As for Auld Nick – Auld Nick ye say, he was there ana'?
An' he just let ye stan' and watch, then let ye run awa'?

Tam
Johnny Johnny, I was fair ta'in' in, I couldna help masel',
I was pinned - I had tae watch, e'en though they cam frae Hell!
And though I was feart, ae lassie there stood oot sae bonnie bricht,
The fairest dancer o them a'; she made the nichtime licht!

Souter Johnny
Oh aye, whit aboot this 'winsome wench', this comely 'Cutty-sark'?
Rarely hae ye spoken o' a lass mak' such a mark!
O' coorse, ye couldna move, and whiles I wadna doot it,
I'm fair surprised tae hear ye werena' rippit in aboot it!

Tam
Tis a' the truth, I hae tae say, she was a bonnie lass,
Her dance was braw; an' I'm ower mairrit tae think o' sic a pass.
Dumbfoonert ye micht be my lad, but I hae tae tell you this –
There is ae bit o' proof I hae that canna gae amiss.
In this very tale o' my ain tale, lies another tale sae bra',
An' that's the tail o' my fair Meg – the tail snatched clean awa'!
An' that is a' the proof you need, tae ken that I speak true.
Wi witch's grasp the tail's awa – an' that's the proof for you!

Souter Johnny
What proof's that tae gie a man? Meg's tail's awa' ye say?
I'm tae believe that's something that only a witch can dae?
It widna be by human hand that Meg's tail's snatched awa?
Tam, ye've made this hale thing up tae mak' yersel look braw!

Narrator
An' then a FLASH! And BANG!
The hale room was aquiver!
An' a'thing seemed tae melt awa;
like a snowflake in a river.

Tam heard a scream – 'twas Johnny's scream,
a chilling soon' tae hear,
An' then, when a'thing settled doon,
he saw Johnny stannin' there.

Puir Johnny, babbling;
face ashen white against the dark.
An there, gie'ing Tam a smile,
the bonny Cutty-sark.

A kiss on his cheek, and she was gone,
disappearing into air,
Leaving Johnny and Tam, an' their wee bit dram,
and thoughts o' Meg's tail fair.

After "The Twa Corbies" (Anonymous)

The Twa Nessies

As I wis walkin' a' alane,
I heard twa Nessies makin' a mane.
The ane did tae the ither say,
"Ye'll nae ken whit I hae done the day.
Ower there, ahent yon treen,
A queer-like monster baist I've seen.
As oor een met it gave a yell,
And aff it louped like merry hell."

"Och aye," replied the aulder ane,
"I've heard sic tales afore, ye ken.
It's got twa legs, hair on its haid,
Wears funny things ca'd claes, it's said.
But I've nae seen ane, an' forbye,
There's nae e'en photie tae espy.
I ken ye think that's it's the truth,
But I maun ask ye – whaur's the proof?"

"It's got twa legs, hair on its haid"

"It's proof ye waant?" The first ane spiered,
"I'll get ye some, 'cos I'm nae feard."
Sae aff he went, the proof tae get,
An' that young Nessie's nae back yet.
He got a' commercialised, ye see,
An' aye, the blame's tae lie wi' me.
Oor Nessie noo is sitting pretty,
Wi' royalties he's made frae this ditty.

Inspired by Robert Burns' "Holy Wullie's Prayer"

Wullie's Holey Prayer

Oh Lord, my puir wee nichtsark here,
Has been my freen' for many a year.
An' noo, as on it here I gowp,
I mind on times it's waarmed my dowp.
An' kep' my banes frae Winter's chill
An' cosied me when I was ill.

Noo though, it's gettin' waur the wear,
There's bitties gettin' awfy bare.
There's no' a bit that's no' been made
A bit mair – halesome - wi' drap thraid.
An' Lord, I almost hate tae say,
It's gettin' "holier" each day.

The hemline noo's a' worn an' frayed,
I've seen the wee bit colour fade.
It's holey here an' holey there,
An' every time I look there's mair.
The holes appear withoot a waarnin',
An' noo - I'm darnin' on the darnin'.

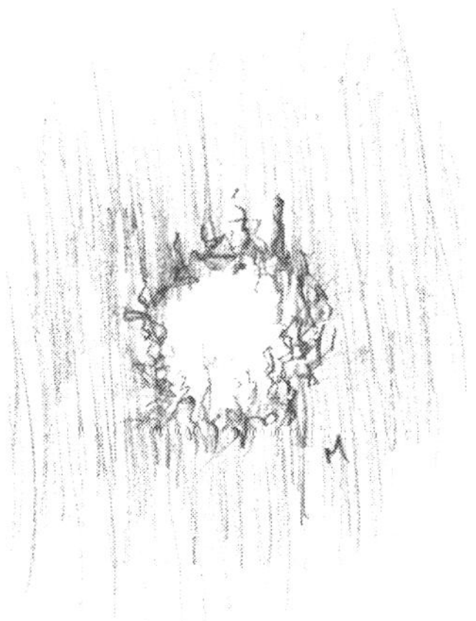

A hole in a nichtsark

My brither is a chiel tae see,
He's aye weel dressed - no' like me,
(Your humble servant - as ye ken).
But, nae wonder I'm nae happy when
His nichtsark's hale, while mine's a' rippit;
An' while mine's plain - weel, his is strippit!

Oh Lord - I ken ye see whit's going on,
So I'll no' even mention thon
Widdie wumman in Number Nine,
Or the nichtsark on her waashin' line.
Noo hoo it's there, I dinna ken,
But I'd waatch him in Number Ten.

But I digress - Oh Lord can ye
Help get a sark that's new for me?
No' ane tae put me intae debt,
Perhaps a nice wee flannelette.
An' while I dinna envy ithers -
Can I get ane jist like my brither's?

An' while we're aboot it, tae,
There's ae mair thing I'd like tae say.
Daur I ask, an' no' sound affy,
If there's a wee chance o' a baffie?
Tae get the pair would be sublime!
An' a new nichtcap would be jist fine.

So Lord, if ye can grant my wee request.
In your ain time - but still quite fest –
I'll gae tae Kirk an' no' be late,
An' no' tak' money oot the plate.
If ye'll dae things as best can be,
Ye ken I'll no' complain - no' me!

Fleh in Meh Eh
The Dundee language is famous for its use of "eh" in place of "i". Sky = skeh, pie = peh.
A famous Dundee saying, of which there are many variants, is - "Fower pehs, twa plehn bridies ananinginaneana'." (an.an.ing.in.ane.ana) (Say it quickly)
Translation: "Four pies, two plain bridies and an onion one as well."

And so to the poem...of which there are many similar.

Fleh in Meh Eh

Eh had a fleh
In meh eh.
Eh'd jist feenished meh peh
When up in the skeh
This teeny wee fleh
Thocht he wis too heh
In the skeh
Cam' doon fir tae leh
An' withoot haein' tae treh
Forbeh
Hut is richt in the eh
Richt on a steh.

Oh meh oh meh
Teeny wee fleh
Noo yer washed oot meh eh
Ye micht even deh.
So say beh beh.
Beh beh.

The question "Fleh in yer eh?" is also asked of someone who has been espied having a howk at their dowp.

Robert W. Service, of Scottish descent, sailed to Canada in 1894. He wrote poetry on the Gold Rush and became famous, becoming known as the "Bard of the Yukon". His works became extremely popular and Service could afford to travel, including living on the French Riveria. This poem is inspired by Service's "The Shooting of Dan McGrew".

The Playing of Dexterous Stan McHugh

The best ceilidh band in the whole of the land was wondering what to do,
They'd lost their red-hot fiddle player, when he left for pastures new.
They had to pursue a man that was new to lead this band of players,
And asked all around for some to come to ply their separate wares.
Quite a few on that day turned up to play to trial for the post,
And right away a blind man could see that most of them were lost.
Three men they chose as it drew to a close to pick their fiddler new.
But, as they conferred - they hadn't heard of Dexterous Stan McHugh.

The first shuffled up to play his stuff amidst an awful smell,
With old ragged clothes to grate on the nose and ragged boots as well.
A battered fiddle in a battered case, caressed by a battered bow,
But still in they leant; their ears were bent, to hear what was on show.
He played the tune like a man possessed, with grimace on his face.
But grimace ran through every man who listened in that place.
They grabbed him about and threw him out and threw his fiddle too,
And, sitting quietly watching this – was Dexterous Stan McHugh.

The second man stood, looking good, he walked up to the mark.
And on his well-kept fiddle and bow, a tune he did embark.
And there, beside the honky tonk and wondering how he'd do,
Smiling at this handsome stranger – a lady known as Sue.
Sue's marriage held no love or warmth, she wanted to get out,
But her man was watching her every move, watching every pout.
Tension burned in the air, they had to take care, they felt it moving through.
But tension doesn't trouble men like Dexterous Stan McHugh.

Have you ever been in a room full of wolves and not the animal kind?
Like a lamb to the slaughter, the player got no quarter, no mercy could he find.
When he started to play his fiddle that day it was bad as it could be.
Suddenly someone grabbed the damn thing and broke it on his knee.
They threw him around and started to pound and laughed right in his face,
The crowd was all riled; the call of the wild; the pack was on the chase.
Then he got kicked out of the room by the man who'd married Sue.
And still in silence, watching this, the Dexterous Stan McHugh

The last man to go got his fiddle and bow and right away impressed.
He lifted his fiddle, with some care round the middle, and held it to his chest.
Would this last player be the fiddler fair who would lead the band to fame?
Would lonesome Sue find someone new to end her lonesome game?
The crowd gathered round, to hear this new sound, all ready to admire,
And not for one jot, did that unlearned lot, think the playing would be dire.

The player gave it all, as he tried to enthral, but his playing was askew.
So he got thrown out and, watching this rout, was Dexterous Stan McHugh.

"All is lost for the band!" they cried to a man, "Whatever can we do?"
Then, out of the dark and up to the mark, the Dexterous Stan McHugh.
The crowd was amazed; they looked on in a daze, who was this unknown man?
Never would they have heard a player like bold Fast Fingered Stan.
The fiddle was raised; the bow was in place, the crowd looked on anew,
And misty were the widened eyes of the lady known as Sue.
As he started to play on that fateful day each one was under his spell,
But he turned out to be absolute keich - so they threw him out as well.

That was the final straw, the last they ever saw of Dexterous Stan McHugh.
But he had the last say, for he ran away with the lady known as Sue.

My True Love

Her face is like the purple on the bonnie heather braes,
Wi' the cockle in her ee, she sees me in different ways,
Her nose is ayewis dreeping an' her language is sae coorse,
When she brak's wind it sounds just like auld Shuggie Mertin's horse.

At nichtime when she snores it's like the roaring o' the bull,
When sweeming she contaminates a kwartir o' the pool,
When she gies me a kiss it feels like I've just kissed a coo,
It tak's me half the day tae wipe the slabbers fae my moo'.

True love, true love, oh my true love

When she tak's pairt in Highland Games she really is a star,
At tossing cabers, heaving wechts and hammers o'er the bar,
But tug-o-war is whaur the lassie really does excel,
She taen the local police force on an' beat them by hersel'.

True love, true love, oh my true love

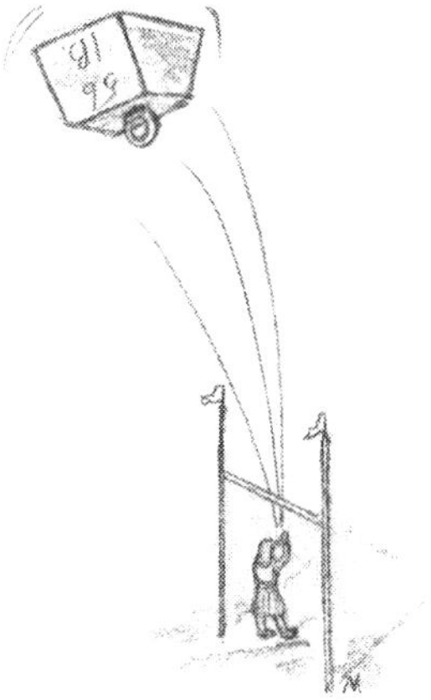

Her manly tones remind me
o' a delicate foghorn,
She showed me aince the ferm
that hauds the byre whar she was born,
She really disna' help hersel',
she's oot each Friday night -
It's fourteen pints o' lager
and she's lookin' for a fight.

True love, true love, oh my true love

Her footprints are sae heavy that a dachshund fell in there,
Aince I saw twa sets o' speugies nesting in her hair.
What worries me is, I love her, an' that's a simple fact -
Noo I'm just hoping that it's true that opposites attract!

True love, true love, oh my true love.

SONG: The Bridie Song

TUNE: And It's Hey For the Tartan

There are hundreds of foodstuffs from Skye to Dundee,
Some are bad and some are good, with vitamins like C,
There's stovies, mince, and coarned beef and hame-made kail ana',
But the great big Forfar Bridie is the pride o' them a'.

CHORUS
And it's hey for the Bridie, and ho for the Bridie,
The pride o' the Hielands from Skye to Dundee,
And it's proud I am chewing, this Bridie consuming,
Richt doon the thrapple - the Bridie for me.

A Bridie (consumed)

A Bridie plain I fair enjoy, it is so full of meat,
Wrap your teeth aroon' the crust, you'll find it's rare to eat,
The onion ones have got two holes, they let out all the steam,
And when it a' runs down your chin you'll think that it's a dream!

CHORUS
And it's hey for the Bridie, and ho for the Bridie,
The pride o' the Hielands from Skye to Dundee,
And it's proud I am chewing, this Bridie consuming,
Richt doon the thrapple - the Bridie for me.

So keep your Chinese takeaways tae me they're just a fad,
Your Indian curries are no use, not for a growing lad,
Black bun and shortie hae their place, they're fine when you first-foot
But the steaming Forfar Bridie is the thing to carry oot!

CHORUS
And it's hey for the Bridie, and ho for the Bridie,
The pride o' the Hielands from Skye to Dundee,
And it's proud I am chewing, this Bridie consuming,
Richt doon the thrapple - the Bridie for me.

Other meat-filled pastries are also available.
An' Arbroath Smokies are also braw...
Mmmm.... Arbroath Smokies...

THE TAM O' SHANTER TRILOGY
In four parts

Part Three:
Meg's Tale o' Meg's Tail
(Or: The Twist in the Tale)

Scene: Three days after events at the Kirk
Meg recites her tale

Meg:
Noo, ab'dy's had their wee bit say,
On what went on the other day.
When Tam, my maister, got a fleg,
And screamed at me, his ain horse Meg,
Tae help him cheat impending fate
And get him safely back tae Kate.
We made it hame, 'though near tae fail -
But noo, I gie tae ye my tale.

When chapmen billies leave the street,
And drouthy neibours, neibours meet,
In fact when onythin' ata',
Is happenin' here, or far awa',
Ae thing on which we can depend,
As shair as we ken men as men,
Is what my maister's dain' the noo;
He's in yon pub - and he's fell fu'.

He's wi' his pals haein sic a time!
Drinkin', laughin', oot his mind,
Wi' nae thocht for his faithful Meg.
I jist stand here, wi' crossed leg.
Waiting on his Lordship's whim,
Bidin' here till it suits him,
Jist stannin' here a' day lang,
I canna even hae a sang.

For I am jist a humble horse.
I canna really speak, o' course,
But if I could I'd soon tell him
Some facts o' life that are fell grim.
Noo - ab'dy kens whaur he led me
When last he went oot on the spree.
We ended up ootside the Kirk,
Whaur banshees, ghouls and de'ils did lurk.

The hale mad squad wis hae'n a perty!
The Kirk wis filled wi' music herty!
Birlin', jiggin', screamin' roon',
They made a chilling, curdling soon'!
Coffins, bodies, thieves and hags,
Rotted teeth and claes o' rags,
Murderers wi' bluid soaked hands,
An' the De'il, in chairge o' this gruesome band.

They were birlin' in fu' spate
Wi' energy o' bile and hate,
When tae the fore this lassie danced
And, as roon and roon she pranced
The maister's eye wis caught sae fair -
She wis dancing in her underwear.
He stood stock still, the moment caught;
And, in one second - stopped the lot.

Instead o' getting oot o there,
He could only stand and stare.
I saw his face get ever redder,
I tried tae nudge him wi my shidder.
He's boond on waatchin, come what may,
But then - what does bold boy go and dae?
Instead o' getting aff wir mark,
He screams oot: "Weel done, Cutty-sark!"

That was it! Athing jist stopped daid!
I couldna' believe what he'd jist said!
The music, singin', jiggin' ceased,
My pent up fears were a' released.
Sae fest my new-shocked hert wis beatin',
I wis shakkin, near tae greetin'!
It's ghouls ye eejit, whit are ye dain'?
Can ye no' tak mind o' whit ye're sayin'?

Swaarming oot, the beasts o' hell!
He louped on, I went pell mell,
Strecht for the brig there in the dark -
Wha should catch up; but Cutty-sark?
We made the stream, she grabbed my tail
And pulled it mair or less aff hale.
But we were awa! Back tae the hoose,
And him as quiet as a moose.

Awa' fae sic an awfy sicht,
The ghouls that gaither in the nicht.
When we get back he's strecht tae bed
And me no' waatered, still less fed.
Wi' saddle on my back ana',
Just thankfu' that we got awa'.
But there's ae thing that's nae come oot;
And this wad cause surprise, nae doot.

For a' the stallions fancy me.
They think I'm stylish as can be.
Though this is jist a lucky fluke,
They fairly like my new-shorn look.
While maister thinks I'm a lonely mare,
I'm treated here and coorted there.
And my life noo is fu' o' passion -
'Cos I'm the ane that sets the fashion.

I've got big stallions a' aroon'
Wi' this appeal that I've jist foon'.
My maister's nicht turned oot richt soor,
But mine turned wi' my new allure.
While he's in bather wi' the wife,
I'm haein' the best time o' my life.
I'm haein' a ball on sic a scale -
An' that, guid fowk, is the twist in the tale.

Lines on the Opening of the V&A on the Silvery Tay

Most beautiful magnificent building on the banks of the River Tay!
With a design so bold it takes everyone's breath away.
And your jagged cliff-like structure most wondrous to be seen,
Looking east and west and north and south, not far from the Magdalene Green.
You ended up costing twice as much as your original estimate,
But cost is as nothing in the presence of something so great.
The jewel in the city's crown, you sparkle for all to see,
Down on the waterfront of Bonnie Dundee.

Your opening day will be remembered by all who were there,
And some others as well, even though they may have been elsewhere.
And although there were so many people so proud to be seen,
Some amongst them did still ask: "Where is the Queen?"
Surely there could have been no more important event in her Empire that day,
Which could have kept her most gracious and royal personage away
From the biggest day of all that she could wish to see,
Down on the waterfront of Bonnie Dundee.

You stand testament proud to those famed artisans,
Who built you from nothing with their very own hands.
With the help of a lot of big machines as well it is true to say,
To make sure you remain standing for many a day.
Next to the RRS Discovery that sits in a dock next to you
And went to Antartica, a brave and admirable thing to do.
One day you'll be as old as the venerable Discovery,
Down on the waterfront of Bonnie Dundee.

But still there are some who do not agree
With all that is happening and all that they see.
Trip Advisor is not giving you five stars on their website
And the arts guy on the BBC said the new railway station doesn't look right.
The building on Site Six attracts a high share of consternation,
But you are the best thing that's happened in a long time across our entire nation.
And you won't fall down in a storm; that's plain to see,
Down on the waterfront of Bonnie Dundee.

Thousands of people will rush through your doors,
To marvel at the ancient fossils embedded in your floors.
And wonder at the glorious displays before their very eyes,
For some I can guarantee it will be a great big surprise,
Bigger even than the poetry of William Topaz McGonagall which he wrote in his prime,
Which has been remembered for a very long time.
Mighty V&A, you bring the future to the city and to me,
As you proudly stand; down on the waterfront of Bonnie Dundee.

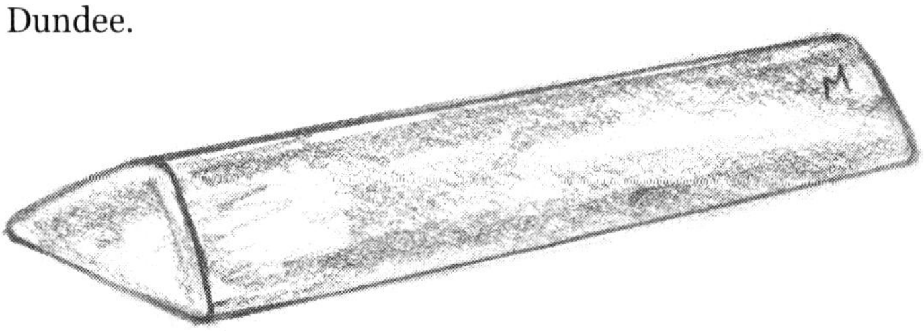

An illustration of one of the pieces that make up the external design of the V&A Dundee

The Ingin and the Mince

Mince, it is universally accepted, is a Scottish staple. However, debate rages as to whether or not the mince should have an onion added. Each to their own. The following poem relates the tale of a gardener who loved an onion in his mince - so much so that, if the onion was absent, he considered the mince to be...aff.

There aince wis an ingin,
An' the ingin wis hingin'.
No' hingin' as in mingin',
But jist hingin' -
And the mince wid be braw.

In a shed it wis hingin',
An' the gairdner wis singin',
'Cos he kent that his ingin,
A braw taste wid be bringin' -
An' the mince wid be braw.

But waarnin' bells were ringin',
'Cos the ingin that wis hingin'
Had nae air roon' it wingin'.
An' it wis saft tae the pingin' -
But ach! The mince'll be braw.

But this puir lookin' ingin
Noo had fustie bits clingin'.
An suin the gairdner was flingin'
This hingin', mingin' ingin' -
And the mince wis - aff.

A hingin' ingin' (but no' yet mingin')

This was written as a Health and Safety notice for a workplace.

Health and Safety at Work

Here's a tale, a crehin'shame,
It happened doon the Hackie.
An' goes tae show whit kin occur
When playin' roon' the backies.

There wis ae lad, Eck beh name,
The youngest o' auld Betty.
Wha mucked aboot wi' his twa mates
Beh hingin' aff the plettie.

Oh sad sad tale! His fingers slipped,
He hurtled tae the grun'.
His limbs fell oot an' roon' aboot,
An' that's hoo he wis fund.

Bricht red flowed frae his nose, his mooth,
His erms an' legs hung loose.
His skull wis cleft on a backie dockie –
Aye! Jist ootside his hoose.

So fowk what's reading this, beware!
Be careful whaur ye lurk.
Fir if that could happen ootside yer hoose –
Jist think whit could happen at work!

The Working Man's Lot (1991)

The cost o' a telly's got richt oot o' hand,
Computer-based gemmes arenae cheap,
An' video players brak' doon in a month,
Oor washing machine's just a heap.
Oor braw tumble drier has tumbled its last,
The midi C.D.'s jist a joke,
My personal stereo's batteries are daid,
The hale thing wid fair mak' ye boak.

Oor newly-bocht hoose is in need o' repair,
Oor wages jist dinna suffice.
A guid vindaloo's costing mair every week,
The spare phone's a hell o' a price.
A good gless o' wine's getting dearer to buy,
There's less Shish Kebab in a poke,
The working man's lot is a richt load o' dross,
Ken this – it wid fair mak' ye boak.

Oor big brand-new car costs a fortune each month,
Inflation's a terrible pace,
An' maist o' oor nights are spent waatchin' the box
Wi' programmes that's beamed doon fae space.
My puir stocks and shares are a' hitting the flair,
The microwave oven is broke,
An' the food's got infectious bacterial germs;
I ken – it HAS made me boak.

There's nae muckle joy in this modern world,
It's jist no' like in auld lang syne,
Whaur a'body worked 25 hours a day,
An' we a' had a whale o' a time,
Noo a' I can afford is tae run a warm bath,
An' casually hae a good soak,
Aye, the working man's lot is a richt load o' dross,
In fact – it wid fair mak' ye boak.

The Working Person's Lot (2021)

My superduper smartphone battery's daid,
It's lying at hame in a heap.
Downloads are getting dearer each month,
Video games arnae cheap.
The 64" TV gies me a sair haid,
My mobile reception's a joke.
My streaming wifi slows down tae a crahl,
The hale thing wid fair mak' ye boak.

Oor hoose needs the smart central heating replaced,
Oor wages jist dinna suffice.
Social media's a richt wyste o' time,
An' broadband's a hell o' a price.
A cheeky wee dram's getting dearer to buy,
It costs a wee mint for a toke,
I canna mind whaur my memory stick is;
Ken this - it wid fair mak' ye boak.

The debt on oor car costs a fortune each month,
An' it's a'ready broken doon twice.
Sending for carry-oot pizzas each nicht
Has noo hit a hell o' a price.
My pennies got lost when the banks a' collapsed,
An' the financial system is broke.
An the food's got infectious bacterial germs;
I ken - it HAS made me boak.

There's nae muckle joy in this present-day world,
It's no' like in auld lang syne,
Whaur a'body worked 25 hours a day,
And we a' had a whale o a time.
Noo I can hardly afford tae run a warm bath,
Tae casually hae a guid soak.
Aye, the puir workers' lot is a richt load o' dross,
In fact - it wid fair mak' ye boak.

THE TAM O' SHANTER TRILOGY
In four parts

Part Four:
The Tale o' Cutty-sark

Scene: Four days after events at the Kirk
Cutty-sark relates her tale

Cutty-sark:
It a' kicked aff when I taen the chance
Tae jine my pals in a wee bit dance.
Wi' Auld Nick lording o'er affairs,
We hooched and birled a' roon' the flair.
The music belted oot sae lood
An' hellish screeching set the mood.
Warlocks, witches, ghouls, a' manic;
It was a' gaein braw – until the panic.

Like a demented forkie I birled,
Sae muckle that the hale kirk dirled.
A' o' a sudden it a' went wrang
And athin stoppit in mid sang.
Oot o' naewaur fae the dark,
A cry: "Weel done, Cutty-sark!"
And through the windie I could see
An auld drunk – gowpin' - richt at me.

And in the kirk o' his ain god,
I thocht "Wha the de'il's this deited sod?"
As on his cry a' hell let loose
An', shairly as cats chase a moose
We a' went loupin in pursuit.
I sped sae fast, sae swift o' foot,
That at the brig I made the rump
And caught the tail and left a stump.

Next moarnin', while I was hae'in a pee,
I thocht "What kind o' man is he?"
This idiot wha shouts at de'ils
Wha're in the middle o' their reels?
An' brings the hale thing tae a halt,
An' then he has tae muckle bolt
Tae get awa, fest as he can?
I thocht again, "What kind o' man?"

So aff I went tae find this oot.
Curious, I wis, nae doot.
Furst, a dander tae his hoose
Whar he and Kate swapped ill abuse.
The twa o' them were ga'ein pell-mell!
They couldna see me – jist as weel.
I'd never heard sic turn o' phrase
And ne'er will, in a' my days.

An yet, abune a' this I saw
There was affection there ana'.
Twa simple sowels, but happy fowk,
An' Tam wis jist a gormless gowk!
Wha meant nae herm tae man nor baist
An' lo'ed his ain wife Kate the maist.
My hert went oot at whit he'd seen.
He must hae got some fleg yestreen!

Noo, abody's heard o' fairy dust.
For fairy magic, yon's a must.
But witches hae a better blend,
Wi' "Witches' Stoor" I sprinkled them.
The twa o' them just gaed a' saft.
Their soppy love had turned them daft.
I kent the stoor had worked a' richt
When yon twa had an early nicht.

So tae the next nicht, whaur oor Tam
And Souter Johnny were hae'in a dram.
In the pub whaur it a started,
Afore Tam fatefully departed.
What do I find afore my e'e?
Johnny says it's a' a lee.
His ane pal, dooting o' his word!
An' says the hale thing's just absurd!

An' it's no' just Tam that Johnny doots,
He's turned the facts a' inside oot.
Says I wisna' at the dancing,
Disna tak' that ghouls were prancing!
Johnny sneers at what Tam says
And "winsome wench" becomes false praise.
But Johnny really hits the mark
When he doots: "Weel done, Cutty-sark!"

That really got my dinger dinging
And I exploded, bells were ringing,
A FLASH! A BANG! and Johnny's screaming,
He's whining like a doag that's dreaming.
Face ashen white against the dark -
Noo he'll believe in Cutty-sark!
An' I'm ower tae Tam, kiss on his cheek,
An' I was awa', a horse tae seek.

When at the brig I made the rump
And caught the tail and left a stump,
Puir Meg was left withoot her tail,
I'd pulled it mair or less aff hale.
But a'thin turned oot for the best,
Her life has got a brand new zest.
(I maun admit it wisna meant –
I jist grabbed it fae ahent).

Noo stallions a' think that she's braw,
Wi her new-shorn look ana',
Meg's ne'er looked back for lack o' hair,
(If she does look back there's a stallion there).
An' Tam looks efter her ana',
The twa o' them get on jist braw.
She still tak's him for his dram
But then, it's richt hame for Tam!

So abody's happy in the end,
An' Johhny has his wits again.
Sair wis he for comments gien,
Noo him and Tam are best o' freens.
Kate has foon' a new content,
'Tis rarer far than argument.
Tam nae mair wanders by the kirk,
I doot he's faird at whit micht lurk.

The waarning's there for a' tae note –
Dinna get on the de'il's goat!
Or get intae things that's nae for you –
Ye'll end up in the de'il's brew!
An' ye wha's had a dram or twa,
Ca' canny whaur ye ca' awa';
Gin ye value your ain life,
Jist gang hame tae your guid wife.

So, that's my tale - and as for me;
Someday, somebody might write a trilogy (in fower pairts)
And tell the tale o' whit went on,
Afore the truth o' it is gone.
And let me be seen in a better licht,
Tho', nae a licht that's ower bricht.
I noo prefer a wee bit dark –
'Cos I still hae on my Cutty-sark.

The Ghoul in The Nicht

I wa'kened slowly, e'er sae slowly, forbye still half asleep,
My brain still wisna quite a' there, tae rise fae slumber deep.
A noise – wis that a noise? Whit had mad' me stir awak'?
I tried tae peer through half shut een, the bedroom still a' dark.

I tried tae tak' in whit wis there, my senses mair alert,
Wi' bated braith and ears a' primed; jist whit had made me stert?
And then a figure, a misty shape, appeared jist beh the door,
And mad' its wey in, slowly – it chilled me tae the core.

Faird tae move or mak' a soon; I lay, wi' eyes noo wide,
I watched it cam' up tae the bed, closer tae my side.
I held the covers tae my chin as I jist lay there, prone.
An' then it bumped intae the bed, and gave a ghostly moan

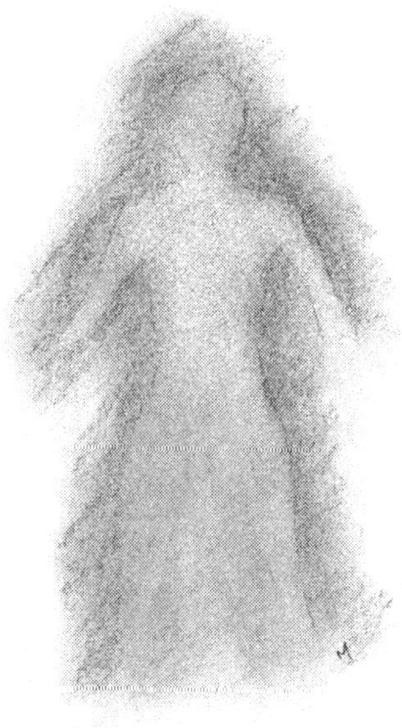

My hert near stopped! I leant ower quick and put the side light on!
And there the apparition stood but noo the ghoul had gone.
"What's the dae wi' you?" asked the wife, as she looked doon at me.
It turned oot, that in the night, she'd got up for a wee.

I'm Scunnered

I am scunnered.
I fund myself in the kitchen and I couldna' mind hoo I was there.
I went back tae start again tae see if I'd mind mair.
The theory was my mind wid JOLT an' tak' awa' the doot,
The ae thing wrang wi' this plan wis – I couldna mind whaur I'd set oot.
And noo whit really worries me - and this comes tae the fore,
I dinna ken hoo many times I've said this verse afore.

I'm fair scunnered.
I bocht a lottery ticket jist on the chance I'd win,
I wisna' seeking millions, enough tae bring a grin.
I got the numbers on my phone and then I checked them oot,
And what I saw fair made me smile 'cos I'd won loads o' loot.
I got the numbers richt a'richt - but then I fell awa',
Oh, the numbers they were richt a' richt; but for a different drah.

I'm affy scunnered.
I saw my local futba' team and they were really bad,
They got hammered by fehv goals, it made me affy sad.
And then the Scottish futba' team, weel they got bate ana',
They fairly got a skelpin' an they hardly touched the ba'.
Scotland won at rugby though, they really went tae toon,
It's jist bad luck it happened jist as my TV broke doon.

I'm really scunnered.
I swopped energy companies tae save a bit o' dosh,
The promise was it's easy peasy – what a load o' dross!
It a' went wrang and noo I canna get an answer on the phone,
Option one tae option six and an endless dialling tone.
But efter a month or so I'm through! They even ask me how I'm daeing!!
But I've a bather wi' the accent – they canna' mak' oot what I'm saying.

I'm totally scunnered.
I was oot driving in the car when the tyre warning lit,
I stopped and had a look and got oot the tyre kit.
A policeman stopped to ask, were things a'richt wi' me,
He telt me that my tyre was bald and motioned me tae see.
Unfortunately he had nae hair; an' that's what made me seek,
'Cos I said oot loud "Bald, eh?" and I got nicked for cheek.

I am scunnered.
I fund myself in the kitchen and I couldna' mind hoo I was there.
I went back tae start again tae see if I'd mind mair,
The theory was my mind wid JOLT an' tak' awa' the doot.
The ae thing wrang wi this plan wis – I couldna mind whaur I'd set oot.
And noo whit really worries me - and this comes tae the fore,
I dinna ken hoo many times I've said this verse afore.

I am scunnered!!

The Crofter's Burns' Supper

'Twas the 24th o' January month,
The moon was unco' bricht,
When Wull's guid wife tae him did quo':
"The moarn's oor special nicht.

'Tis the birthday o' guid Rabbie Burns,
When we respec' his name,
Maist things are a' quite ready syne,
But haggis – we've got nane!

Sae aff ye gang, and mind an' tak'
Yer musket aff the wa',
An' ging ye bag a haggis fine –
Wi' luck, ye micht bag twa!"

Wull got his trusty musket doon –
'Twas frae the Forty-Five,
A muckle, hefty thing,
That wad kill onythin' alive.

An' if by chance he'd nae shot left,
The beastie still got daid –
He'd grab the musket wrang wey roon'
An' scud it on the haid.

Sae aff went Wull, albuist fell sweir,
Thro' cauld an' sna' that nicht,
He cursed at haein' tae laive
His cosy hoose sae bricht.

He trampit mony a weary mile,
And a weary mile,
And a weary mile,
He spied nae e'en a moose,
Until, at last, a welcome sicht –
He'd cam' tae Dugall's hoose!

"Och, it's yourself!" cried Dugall loud,
"An' man, ye're a' alane!
Cam' ye ben, we'll hae a dram,
Tae warm up chilly bane!"

The drams went doon richt smooth and braw,
'Twas nigh-hand getting licht,
When Wull says, "Here! I'll hae tae gang!
I've beast tae catch the nicht!"

Wull stood up strecht, and near fell ower –
He held on tae the wa',
He taen a braith, and steeled himsel'
Tae gang oot in the snaw.

Wull steppit oot – this wey, that;
He felt richt waur the wear.
His een were cockl'd – is yon a haggis,
Lurkin' ower there?

"Noo, whit I'll dae", Wull telt himsel',
"I'll snek up on yon beast,
An' skelp it wi' my musket rare,
'Twill mak' a wondrous feast!"

He creppit up richt cannily,
Louped quick! Whaur beastie lay,
He couped! And tapsalteerie went
A-hurtlin' doon the brae.

There cam' the maist tumultuous bang!
An' Wull lay in the sna'.
He felt his croon, whaur musket rare
Had bunnet blaw'd awa'.

A soon' cam' liltin' thro' the glen,
An there, a bittie aff,
The haggis! Keekin' 'hent a whin,
An' haein' a richt guid laugh.

"Ye scunner ye!" Wull shook his fist.
"I'm nae done yet, ye ken!"
He loupit - on a shoogly stane!
An' couped richt ower again!

The haggis!
Keekin' 'hent a whin

Wull, oh Wull, ye silly fule,
Ye're scartit haid tae tae,
But far the waur, when ye get hame,
Whate'er's the wife tae say?

Sair, hame tae his spouse he craaled;
He kent she wad be terse.
An' richt enough, when she saw Wull,
She kicked him - in this verse.

"Aaaaah!" he screamed, then cam' the voice,
In wifely tones sae fine.
The words he'd heard sic times afore –
"Whaur the hell hae ye been syne!"

"Moira, ma lass, ma bonnie wee lass,
Ye'd nae ken whit I've been through -
Thickets, sna', bunnet awa',
Tae haggis catch for you."

"Ye muckle fule!" The lassie cried.
"Ye're glaikit! Whaur's your sense?"
Then Wull telt her the sair-done pairts
O' his experience.

"Oh Wull," quo' she, when she'd been telt.
"I really didna' think!
Here's me suspeckin' - by mistake –
That ye'd been at the drink!"

Weel – Wull let her gie him a hug,
An' bad' her cam' inside.
An' there they fund the only hurt
Was done to Wullie's pride.
They celebrated Rabbie's Nicht,
An' Wull gied them a tune,
They still had haggis for their meal,
'Cos Dugall brocht some roon'.

And noo?

Weel, Wull's a contented chiel;
He sees a brichter future.
He's nae mair sent tae haggis shoot –
It's oardered - frae the butcher.

A duid haggis

Growin' Up Syne

When I wis jist a bairn I was taught tae read an write,
An' communicate wi' ither fowk, it jist kept athin' right.
An' there's ae word that's follied me an' wull dae fir a' time,
A word that Burns himsel' made famous – the hale world kens it – syne.

Noo abody's heard o' Auld Lang Syne an' some ken whit it means,
But this word "syne" has ither weys that arena' a' they seem.
It's no' jist a' aboot Burns, an' the poems that gave him fame,
There are ither weys tae yaise this word, though the spelling's no' the same.

At the skail, when starting oot, there's loads that we were taught.
I learned how tae sign my name, a skill that I've still got;
An' I was wee when I first learned how I could mak' a sign,
There's ane involves "thumbs up", tae say that things are fine.

At twelve years auld the Big Skail crehd, an' it confused meh mind,
'Cos we went on tae trigonometry, and started yaising Sine.
That was fine - but no' when Cosine raised its haid.
Meh mind went on a different "Tangent" then instaid.

"Whit's the metter wi you m'lad?" wad come the Heedie's voice.
"Ye hae tae learn this m'lad, ye havena' got a choice."
"It's a'richt sir, I'm jist no' yaised till't, I'm shair I'll get it fine,
In fact I'm there a'ready, it's near on soarted, syne.

An' efter I had left the skail, when childhood days had gone,
At the broo I wrote my name in oarder tae sign on.
An' nooadays, in normal life it helps tae read a sign,
The name o' a road, or a toon – or, how lang tae closing time.

An' still I mind my grannie's words, if she had a stoorie gless,
"Gie yon gless a wee sine oot, an' dinna mak' a mess."
I'd sine it wi' waater and shak' it dreh, which was jist a wyste o' time,
The inside just got a' weet again when she poored her whisky – syne.

So syne and me have been through a lot in mony different weys,
An' there's nae doot that yaising it has opened up my eyes.
Someweys it's caused me anguish, but I've maistly had a laugh,
And I yaise it now, in ae last wey, tae help me tae – sign aff.

SONG: Step We Gaily

TUNE: The Lewis Bridal Song

FASLANE, on Scotland's west coast, is home to the UK's Trident nuclear submarines

CHORUS
Step we gaily, on we go,
I've lost my heel, I've lost my toe.
Where my arms are, I don't know,
Going to Mairi's wedding.

There's a big cloud o'er this day,
Sheep and cows all prostrate lay,
Heard a big BANG! at Faslane,
As we go to Mairi.

CHORUS
Step we gaily on we go,
I've lost my heel, I've lost my toe.
Where my arms are, I don't know,
Going to Mairi's wedding.

As we tread oor happy route,
There's smoke an' burnin' roon' aboot,
Now I find my hair's fell oot,
On oor wey tae Mairi.

CHORUS
Step we gaily on we go,
I've lost my heel, I've lost my toe.
Where my arms are, I don't know,
Going to Mairi's wedding.

Now we canna' eat the lamb,
Drink the milk or bile the ham,
Waater taps have a' gone wrang,
Whit a day for Mairi!

CHORUS
Step we gaily on we go,
I've lost my heel, I've lost my toe.
Where my arms are, I don't know,
Going to Mairi's wedding.

The radio says it's a'richt,
We shouldna' gie wirsels a fricht,
Things'll soart themsels by nicht –
Will Mairi even marry?

CHORUS
Step we gaily on we go,
I've lost my heel, I've lost my toe.
Where my arms are, I don't know,
Going to Mairi's wedding.
Going to Mairi's we-e-diiiiing!

Lines to a Haggis

Oh succulent haggis, ye're lookin well,
An' Man oh Man, ye've a wondrous smell!
As tattie, neep sublimely gell;
O blessed treat!
I'd tak on a' the deils in hell,
For sic a meat.

Oh haggis, thou hast had thy days,
When ye wad run aboot the braes -
But nae mair noo tae carefree graze
An tak' thy feed.
But ken ye this - I am fu' o praise
Noo thou has deed.

For thou hast gien o' thy ain self,
Wi nae regard for thine ain health.
(Forbye ye were shot by stealth
Wi' gun o' steel).
Ye mak' me feel as man o' wealth,
Sae rich I feel!

Though my ain thochts are truly put,
My platitudes have noo run oot.
So - here's tae the haggis, there is nae doot
'Twas a handsome beast!
Noo - it's time we got rippit in aboot
This halesome feast!

The Haggis!

The Weaver

Thousands shufflin' tae the mill

The following is a serious poem dedicated to the legions of women, like my mother, who worked in the jute mills.

The Weaver

She'd walk tae the mill in winter's snaw,
The gaffer's at his post.
Clock in quick! An' just in time,
That's near a quarter lost!
Her nails are roughed, her fingers chapped,
Wi' tendin' tae the loom.
The shuttles clatter back an' forth,
The bobbins spinnin' roon,
Early morning start at six,
Since she was fourteen.
Noo laddies three tae rear ana',
Tae feed an' teach an clean.

An' Betty, ca' awa' dear lass,
This is the Baron's mill.
Earn your ha'pennies, work sae hard,
An daurna ye tak' ill.

The clicking-clacking loom has stopped,
The gaffer's looking grieved.
Aye lass, the fibre's cheap a'richt,
But ye hae tae mak' it weave!
An' signals made abune the din
The only way tae speak.
Your hearing's fading wi' the noise,
Your eyesight's growing weak,

An' Betty, ca' awa' dear lass,
This is the Baron's mill.
There's nae sic thing as sick pay here,
So daurna ye tak' ill.

An' when it's ower lass, what then?
What thanks will ye receive?
When jute an' mill have had their day
An' ye maun tak' your leave?
Nae golden handshake grand for you,
Nor pension scheme sae fine!
Yet still your kindness shows although
Your face is etched wi' line.

She's puggled noo as she gets hame
She's glad tae lift her feet.
The air seems affy fresh outside
Fae nabblin' in thon heat.
She'll hae tae get her bairnies bathed
An mak' her man his meal,
The clicking-clacking o' the loom
For a wee bit while, unreal.

But soon enough the bummer goes,
The streets are filled once more.
Thousands shufflin' tae the mill
An' swallowed 'hent the door.

An' Betty ca' awa' dear lass,
This is the Baron's mill.
Gie him the best years o' your life
An' daurna ye tak' ill.

Glossary

A
A - the
Abune – above
Affy - awfully
Ahent – behind
Ain – own
Albuist – although
Argie – argue
Auld Nick – the Devil
Awfy - awfully
Ayewis – always
Ayont – beyond

B
Backies – common back gardens or court
Baffie – slipper
Baist – beast
Bate – beat
Bather – (rhymes with lather) bother
Bampot - idiot
Barkit – filthy
Ben – through (the house)
Bidin' – staying
Biled – boiled
Billies – fellows (chapman billies; hawker/trader fellows, from Burns' Tam o' Shanter)
Birks – birch trees
Birled – turned around
Black Bun – fruit cake covered with pastry. Was traditionally gifted at Hogmany.
Blah – blow, breather
Blooter – almighty skelp
Boab – Bob
Boak, boke – be sick
Boggin' – loupin'
Bowfin' – disgusting enough tae mak' ye boak

Box – accordion
Brade – bread
Brae – hill
Braith – breath
Bridie – pastry filled with minced steak etc... Forfar speciality
Brig – bridge
Broo – (Employment) Bureau. Also forehead.
Buhll – bull
Bummer – not good at all
But an' Ben – small house with a main room and another room ben (through) the house
Bye – beside; Oot bye – out, over there, a bit away
Bogle – ghost, unnatural spirit. Tattie bogle – scarecrow

C
Canny – (is) easy; easy going
Chapman billies – hawker/trader fellows (from Burns' Tam o' Shanter)
Chiel – originally child, now used for any male
Chuckies – wee stones
Claurty – filthy, muddy
Clappit - clapped
Cloot – clout, skelp
Clype – tell-tale
Cockle – squint
Coo – cow
Coorse – coarse
Coup – (pronounced cowp) midden; compost heap; fall (over)
Couthy – homely, easy going
Corbies - crows
Couped in – smashed in
Coupit ower – fell over
Craal – crawl
Cranreuch cauld – hoar frost
Crehin' – cryin'

Cuddies – horses
Cundies – Drain and sewers covers (short for conduits)
Cutty-sark – Trimmed (under)shirt

D

Dachter – daughter
Dad – bit (of)
Daid – dead
Darnin' – repairing, e.g. holes in woollen socks
Dander, Daunder – to stroll, maybe not as cannily as sauntering
Dee, dae (the) – do, matter (the)
Deed (Rhymes with fleed not heed) – died
Deited – no' the fuhll shilling, no' wise
Dinger- temper
Dirled - shook
Dockie – stone, bigger than a chuckie. Nowhere near as big as a boulder
Dodderin' - tottering
Doocot – dovecot
Doot, dooting – doubt, doubting
Dowp – backside, rear, bum
Drahers – drawers, pants
Drahing - drawing
Drappie – drop (of)
Dreels – drills (furrows in a field when ploughed)
Dreeping – dripping
Dreh – dry
Drehv – drive
Dreich – extremely wet
Drookit – utterly soaking
Drouthy neebors – thirsty neighbours (from Burns' 'Tam o' Shanter')
Dross – rubbish. Dross is the tiny bits of coal and dust found at the bottom of a sack of coal.
Dumbfoonert – dumbfounded
Dunt – hit heavily

E
Echtsome – eightsome
Ee, e'e, een – eye, eye, eyes
Eejit - idiot
Efternane – afternoon
Erchie – Archie; backside

F
Fash – trouble
Fauld – field
Feard, faird – afraid
Feichy – dirty, repulsive, like faecal matter
Fell – very
Fert – fart
Finnan Haddie –cold smoked haddock, originally from the village of Findon, south of Aberdeen.
Flechs – fleas, flies
Fleein' – flying
Fleg – fright
Follied – followed
Foon' – foundation
Footer – (to) procrastinate, act aimlessly
Freens - friends
Fricht – fright
Fu' – full
Fusty, foosty, foostie, fustie – stale

G
Gae – go
Gaed – went
Gang – go
Galluses – braces
Gey wheen nairve – a big amount of nerve
Gin – if
Ging – go
Glaikit – stupid, not any good at anything
Glaury – thick mud
Gowk – vacant person; (a) cuckoo

Gowp - stare
Greetin' – crying
Gret - cried

H
Hackie – Hawkhill area of Dundee
Hackit – (person) not pretty, (object) imperfect to view. Hard looking
Haid – head
Hairst – harvest
Hale – hole
Halikit – clumsy, half-witted
'hent – (Ahent). Behind
Herty – hearty
Hingin' – hanging (down); hanging with decay
Honking - stinking
Hooch – expression of enjoyment, especially to music or when birlin'. (CH as in loch, not pooch)
Hoolits - owls
Howk – scratch, dig, pick
Howkers – pickers (Are you howkin' at your wulk?)
Huhll - hill

I
Ilka – every
Ill-thochtit – ill-thought, ill-thinking
Ingin' – onion

J
Ja' – jaw
Jine – join
Jiggin' – dancing fast

K
Kail – home-made soup, broth. Named after Kail (kale) found in the kailyaird (kitchen garden)
Keeking – peeking
Keich, keech – faecal matter. (What a load o' ---). See also toly

Kent – knew
Kye - coos

L

Lah, the – the Law, the hill that dominates Dundee. Law means hill in Scots. Dundonians call it the Lah hull (lit. the hill hill).
Lang-shankit – long-legged
Linties – linnet
Loabby – lobby
Loon – man
Loup – leap, jump
Loupin' – jumping; minging, boggin'
Lousin' – stopping (work) time
Lug – ear
Luggit – hingin' luggit. Ears drooping, crestfallen, weary

M

Mair – more
Mairrit - married
Mankit – filthy
Maun – must
Mawkit – nae bonny ata'
Meal - farm workers would be paid with milk and oatmeal
Meenister – minister
Merried - married
Michty – mighty
Mind – remember
Minging – smelly, unattractive, rotten
Minter – red faced
Moarn (the) – tomorrow
Mowser – moustache
Muckle – big, huge
Mulk and meal – milk and meal. Farm workers would be paid with milk and oatmeal

N

Nairve – nerve
Neebors – neighbours

Neep – Swede-type turnip
Nichtsark – nightshirt
Nippit – nippy

O

Orraman – odd job man on a farm

P

Partan Bree – crab soup
Pavies – pavements
Peewit – lapwing. Also known as teuchit, green plover and peasweep.
Piece – sandwich
Pillae – pillow
Plettie – "verandah" giving access to outside front doors in tenements
Ploo' – plough
Ploo'ed up – ploughed up
Plooky – pimply, spotty
Posed – hid
Procrastinate – footer
Puckle – a bittie, some

R

Raidir – redder (a), i.e. red face
Reek – smoky and/or smelly
Rehn – rain
Rin - run
Rippit – ripped
Roostie – rusty
Rough – (Pronouced roch, like loch) - rough

S

Sair – sore
Sauntered – casually strolled, maybe more casually then daundered
Scartit – scratched
Scrievins – writings
Scud – thump, dunt

Scubbit – scabby
Scunner – some thing/person which/who is frustratingly annoying
Scutter – footer, gets in the way
Seek – sick
Semmit – vest
Shair – sure
Shoogly – shaky
Shoartie – shortbread
Shug – Hugh
Sic – such
Siccar – certain
Skail – school
Skelp – smack, hit
Skirlin' – skirl (sound) of the pipes
Skited – bounced off (at an angle)
Slabbers – (or slavers) saliva dribbles
Sleekit – thin, snakelike, sly
Snecked – to put the latch on
Snell – piercing, acute (wind)
Snib – part of a lock
Soon – sound
Sough (pronounced soo in Scots). (Sound of) the wind
Souter – a shoemaker
Speirin' – asking
Speugies – sparrows
Stane – stone
Stookies – plasters put onto broken limbs
Stooks – harvested sheaves of grain in a field, ready for lifting
Stoor – dust
Stottin' – bouncing (straight, like a ball)
Stovies – Scottish food, originally eaten by the poor, made originally with tatties, onions and dripping – some add a bittie lamb if posh, or corned beef if no' posh.
Strecht – straight
Strippit – striped
Suin – soon
Swick - cheat
Syne – since

T

Tam o' Shanter – a Burns character; Scottish cap
Tapsalteerie – head over heels
Tattie - potato
Tattie bogle – scarecrow
Tattie howkers – potato pickers
Tenements – old-style "multis", made of stone
Teuch – tough
Thraid – thread
Thrapple – throat
Toly – faecal matter. (See you, ya wee ---). See also keich
Toorie – bobble on top of a hat or bonnet
Trauchled –bedraggled, bothered, lumbered, weary
Treen - trees

U

Unco' – uncommonly

Tam o' Shanter wi' toorie

W

Waur – worse
Weech – to move suddenly
Wechts – weights
Whaups - curlews
Wheen – drappie
Whin – gorse bush
Widdie wummin – widow woman
Windies – windows
Wulk - nose

Y

Yestreen – yesterday
Yokit – The horse or cow would be yoked to start work
Generic "starting time"
Yowes - ewes